AF477186

Cet agenda appartient à

____

____

____

____

____

____

APERÇU ANNUEL

	JANVIER	FÉVRIER	MARS	AVRIL	MAI	JUIN
1	VEN	LUN	LUN	JEU	SAM	MAR
2	SAM	MAR	MAR	VEN	DIM	MER
3	DIM	MER	MER	SAM	LUN	JEU
4	LUN	JEU	JEU	DIM	MAR	VEN
5	MAR	VEN	VEN	LUN	MER	SAM
6	MER	SAM	SAM	MAR	JEU	DIM
7	JEU	DIM	DIM	MER	VEN	LUN
8	VEN	LUN	LUN	JEU	SAM	MAR
9	SAM	MAR	MAR	VEN	DIM	MER
10	DIM	MER	MER	SAM	LUN	JEU
11	LUN	JEU	JEU	DIM	MAR	VEN
12	MAR	VEN	VEN	LUN	MER	SAM
13	MER	SAM	SAM	MAR	JEU	DIM
14	JEU	DIM	DIM	MER	VEN	LUN
15	VEN	LUN	LUN	JEU	SAM	MAR
16	SAM	MAR	MAR	VEN	DIM	MER
17	DIM	MER	MER	SAM	LUN	JEU
18	LUN	JEU	JEU	DIM	MAR	VEN
19	MAR	VEN	VEN	LUN	MER	SAM
20	MER	SAM	SAM	MAR	JEU	DIM
21	JEU	DIM	DIM	MER	VEN	LUN
22	VEN	LUN	LUN	JEU	SAM	MAR
23	SAM	MAR	MAR	VEN	DIM	MER
24	DIM	MER	MER	SAM	LUN	JEU
25	LUN	JEU	JEU	DIM	MAR	VEN
26	MAR	VEN	VEN	LUN	MER	SAM
27	MER	SAM	SAM	MAR	JEU	DIM
28	JEU	DIM	DIM	MER	VEN	LUN
29	VEN		LUN	JEU	SAM	MAR
30	SAM		MAR	VEN	DIM	MER
31	DIM		MER		LUN	

2021

JUILLET	AOÛT	SEPTEMBRE	OCTOBRE	NOVEMBRE	DÉCEMBRE	
JEU	DIM	MER	VEN	LUN	MER	1
VEN	LUN	JEU	SAM	MAR	JEU	2
SAM	MAR	VEN	DIM	MER	VEN	3
DIM	MER	SAM	LUN	JEU	SAM	4
LUN	JEU	DIM	MAR	VEN	DIM	5
MAR	VEN	LUN	MER	SAM	LUN	6
MER	SAM	MAR	JEU	DIM	MAR	7
JEU	DIM	MER	VEN	LUN	MER	8
VEN	LUN	JEU	SAM	MAR	JEU	9
SAM	MAR	VEN	DIM	MER	VEN	10
DIM	MER	SAM	LUN	JEU	SAM	11
LUN	JEU	DIM	MAR	VEN	DIM	12
MAR	VEN	LUN	MER	SAM	LUN	13
MER	SAM	MAR	JEU	DIM	MAR	14
JEU	DIM	MER	VEN	LUN	MER	15
VEN	LUN	JEU	SAM	MAR	JEU	16
SAM	MAR	VEN	DIM	MER	VEN	17
DIM	MER	SAM	LUN	JEU	SAM	18
LUN	JEU	DIM	MAR	VEN	DIM	19
MAR	VEN	LUN	MER	SAM	LUN	20
MER	SAM	MAR	JEU	DIM	MAR	21
JEU	DIM	MER	VEN	LUN	MER	22
VEN	LUN	JEU	SAM	MAR	JEU	23
SAM	MAR	VEN	DIM	MER	VEN	24
DIM	MER	SAM	LUN	JEU	SAM	25
LUN	JEU	DIM	MAR	VEN	DIM	26
MAR	VEN	LUN	MER	SAM	LUN	27
MER	SAM	MAR	JEU	DIM	MAR	28
JEU	DIM	MER	VEN	LUN	MER	29
VEN	LUN	JEU	SAM	MAR	JEU	30
SAM	MAR		DIM		VEN	31

APERÇU ANNUEL

	JANVIER	FÉVRIER	MARS	AVRIL	MAI	JUIN
1	SAM	MAR	MAR	VEN	DIM	MER
2	DIM	MER	MER	SAM	LUN	JEU
3	LUN	JEU	JEU	DIM	MAR	VEN
4	MAR	VEN	VEN	LUN	MER	SAM
5	MER	SAM	SAM	MAR	JEU	DIM
6	JEU	DIM	DIM	MER	VEN	LUN
7	VEN	LUN	LUN	JEU	SAM	MAR
8	SAM	MAR	MAR	VEN	DIM	MER
9	DIM	MER	MER	SAM	LUN	JEU
10	LUN	JEU	JEU	DIM	MAR	VEN
11	MAR	VEN	VEN	LUN	MER	SAM
12	MER	SAM	SAM	MAR	JEU	DIM
13	JEU	DIM	DIM	MER	VEN	LUN
14	VEN	LUN	LUN	JEU	SAM	MAR
15	SAM	MAR	MAR	VEN	DIM	MER
16	DIM	MER	MER	SAM	LUN	JEU
17	LUN	JEU	JEU	DIM	MAR	VEN
18	MAR	VEN	VEN	LUN	MER	SAM
19	MER	SAM	SAM	MAR	JEU	DIM
20	JEU	DIM	DIM	MER	VEN	LUN
21	VEN	LUN	LUN	JEU	SAM	MAR
22	SAM	MAR	MAR	VEN	DIM	MER
23	DIM	MER	MER	SAM	LUN	JEU
24	LUN	JEU	JEU	DIM	MAR	VEN
25	MAR	VEN	VEN	LUN	MER	SAM
26	MER	SAM	SAM	MAR	JEU	DIM
27	JEU	DIM	DIM	MER	VEN	LUN
28	VEN	LUN	LUN	JEU	SAM	MAR
29	SAM		MAR	VEN	DIM	MER
30	DIM		MER	SAM	LUN	JEU
31	LUN		JEU		MAR	

2022

JUILLET	AOÛT	SEPTEMBRE	OCTOBRE	NOVEMBRE	DÉCEMBRE	
VEN	LUN	JEU	SAM	MAR	JEU	1
SAM	MAR	VEN	DIM	MER	VEN	2
DIM	MER	SAM	LUN	JEU	SAM	3
LUN	JEU	DIM	MAR	VEN	DIM	4
MAR	VEN	LUN	MER	SAM	LUN	5
MER	SAM	MAR	JEU	DIM	MAR	6
JEU	DIM	MER	VEN	LUN	MER	7
VEN	LUN	JEU	SAM	MAR	JEU	8
SAM	MAR	VEN	DIM	MER	VEN	9
DIM	MER	SAM	LUN	JEU	SAM	10
LUN	JEU	DIM	MAR	VEN	DIM	11
MAR	VEN	LUN	MER	SAM	LUN	12
MER	SAM	MAR	JEU	DIM	MAR	13
JEU	DIM	MER	VEN	LUN	MER	14
VEN	LUN	JEU	SAM	MAR	JEU	15
SAM	MAR	VEN	DIM	MER	VEN	16
DIM	MER	SAM	LUN	JEU	SAM	17
LUN	JEU	DIM	MAR	VEN	DIM	18
MAR	VEN	LUN	MER	SAM	LUN	19
MER	SAM	MAR	JEU	DIM	MAR	20
JEU	DIM	MER	VEN	LUN	MER	21
VEN	LUN	JEU	SAM	MAR	JEU	22
SAM	MAR	VEN	DIM	MER	VEN	23
DIM	MER	SAM	LUN	JEU	SAM	24
LUN	JEU	DIM	MAR	VEN	DIM	25
MAR	VEN	LUN	MER	SAM	LUN	26
MER	SAM	MAR	JEU	DIM	MAR	27
JEU	DIM	MER	VEN	LUN	MER	28
VEN	LUN	JEU	SAM	MAR	JEU	29
SAM	MAR	VEN	DIM	MER	VEN	30
DIM	MER		LUN		SAM	31

28 LUNDI

7
8
9
10
11
12
13
14
15
16
17
18
19
20
21

29 MARDI

7
8
9
10
11
12
13
14
15
16
17
18
19
20
21

30 MERCREDI

7
8
9
10
11
12
13
14
15
16
17
18
19
20
21

31 JEUDI

7
8
9
10
11
12
13
14
15
16
17
18
19
20
21

DÉCEMBRE 2020 / JANVIER 2021

SEM 53

1 VENDREDI	2 SAMEDI	3 DIMANCHE
7	7	7
8	8	8
9	9	9
10	10	10
11	11	11
12	12	12
13	13	13
14	14	14
15	15	15
16	16	16
17	17	17
18	18	18
19	19	19
20	20	20
21	21	21

Notes

À faire

- ○
- ○
- ○
- ○
- ○
- ○
- ○
- ○
- ○
- ○
- ○
- ○
- ○
- ○

4 LUNDI	5 MARDI	6 MERCREDI	7 JEUDI
7	7	7	7
8	8	8	8
9	9	9	9
10	10	10	10
11	11	11	11
12	12	12	12
13	13	13	13
14	14	14	14
15	15	15	15
16	16	16	16
17	17	17	17
18	18	18	18
19	19	19	19
20	20	20	20
21	21	21	21

JANVIER

SEM 1

8 VENDREDI	9 SAMEDI	10 DIMANCHE
7	7	7
8	8	8
9	9	9
10	10	10
11	11	11
12	12	12
13	13	13
14	14	14
15	15	15
16	16	16
17	17	17
18	18	18
19	19	19
20	20	20
21	21	21

Notes

À faire

- ○
- ○
- ○
- ○
- ○
- ○
- ○
- ○
- ○
- ○
- ○
- ○
- ○
- ○

11 LUNDI	12 MARDI	13 MERCREDI	14 JEUDI
7	7	7	7
8	8	8	8
9	9	9	9
10	10	10	10
11	11	11	11
12	12	12	12
13	13	13	13
14	14	14	14
15	15	15	15
16	16	16	16
17	17	17	17
18	18	18	18
19	19	19	19
20	20	20	20
21	21	21	21

JANVIER

SEM 2

15 VENDREDI	16 SAMEDI	17 DIMANCHE
7	7	7
8	8	8
9	9	9
10	10	10
11	11	11
12	12	12
13	13	13
14	14	14
15	15	15
16	16	16
17	17	17
18	18	18
19	19	19
20	20	20
21	21	21

Notes

À faire

- ○
- ○
- ○
- ○
- ○
- ○
- ○
- ○
- ○
- ○
- ○
- ○
- ○
- ○

18 LUNDI

7
8
9
10
11
12
13
14
15
16
17
18
19
20
21

19 MARDI

7
8
9
10
11
12
13
14
15
16
17
18
19
20
21

20 MERCREDI

7
8
9
10
11
12
13
14
15
16
17
18
19
20
21

21 JEUDI

7
8
9
10
11
12
13
14
15
16
17
18
19
20
21

JANVIER

SEM 3

22 VENDREDI	23 SAMEDI	24 DIMANCHE
7	7	7
8	8	8
9	9	9
10	10	10
11	11	11
12	12	12
13	13	13
14	14	14
15	15	15
16	16	16
17	17	17
18	18	18
19	19	19
20	20	20
21	21	21

Notes

À faire

- ○
- ○
- ○
- ○
- ○
- ○
- ○
- ○
- ○
- ○
- ○
- ○
- ○
- ○

25 LUNDI	26 MARDI	27 MERCREDI	28 JEUDI
7	7	7	7
8	8	8	8
9	9	9	9
10	10	10	10
11	11	11	11
12	12	12	12
13	13	13	13
14	14	14	14
15	15	15	15
16	16	16	16
17	17	17	17
18	18	18	18
19	19	19	19
20	20	20	20
21	21	21	21

JANVIER

SEM 4

29 VENDREDI	30 SAMEDI	31 DIMANCHE
7	7	7
8	8	8
9	9	9
10	10	10
11	11	11
12	12	12
13	13	13
14	14	14
15	15	15
16	16	16
17	17	17
18	18	18
19	19	19
20	20	20
21	21	21

Notes

À faire

1 LUNDI	2 MARDI	3 MERCREDI	4 JEUDI
7	7	7	7
8	8	8	8
9	9	9	9
10	10	10	10
11	11	11	11
12	12	12	12
13	13	13	13
14	14	14	14
15	15	15	15
16	16	16	16
17	17	17	17
18	18	18	18
19	19	19	19
20	20	20	20
21	21	21	21

FÉVRIER

SEM 5

5 VENDREDI	6 SAMEDI	7 DIMANCHE
7	7	7
8	8	8
9	9	9
10	10	10
11	11	11
12	12	12
13	13	13
14	14	14
15	15	15
16	16	16
17	17	17
18	18	18
19	19	19
20	20	20
21	21	21

Notes

À faire

- ○
- ○
- ○
- ○
- ○
- ○
- ○
- ○
- ○
- ○
- ○
- ○
- ○
- ○

8 LUNDI	9 MARDI	10 MERCREDI	11 JEUDI
7	7	7	7
8	8	8	8
9	9	9	9
10	10	10	10
11	11	11	11
12	12	12	12
13	13	13	13
14	14	14	14
15	15	15	15
16	16	16	16
17	17	17	17
18	18	18	18
19	19	19	19
20	20	20	20
21	21	21	21

12 VENDREDI	13 SAMEDI	14 DIMANCHE
7	7	7
8	8	8
9	9	9
10	10	10
11	11	11
12	12	12
13	13	13
14	14	14
15	15	15
16	16	16
17	17	17
18	18	18
19	19	19
20	20	20
21	21	21

Notes

À faire

- ○
- ○
- ○
- ○
- ○
- ○
- ○
- ○
- ○
- ○
- ○
- ○
- ○
- ○

15 LUNDI	16 MARDI	17 MERCREDI	18 JEUDI
7	7	7	7
8	8	8	8
9	9	9	9
10	10	10	10
11	11	11	11
12	12	12	12
13	13	13	13
14	14	14	14
15	15	15	15
16	16	16	16
17	17	17	17
18	18	18	18
19	19	19	19
20	20	20	20
21	21	21	21

FÉVRIER

SEM 7

19 VENDREDI	20 SAMEDI	21 DIMANCHE
7	7	7
8	8	8
9	9	9
10	10	10
11	11	11
12	12	12
13	13	13
14	14	14
15	15	15
16	16	16
17	17	17
18	18	18
19	19	19
20	20	20
21	21	21

Notes

À faire

- ○
- ○
- ○
- ○
- ○
- ○
- ○
- ○
- ○
- ○
- ○
- ○
- ○
- ○

22 LUNDI	23 MARDI	24 MERCREDI	25 JEUDI
7	7	7	7
8	8	8	8
9	9	9	9
10	10	10	10
11	11	11	11
12	12	12	12
13	13	13	13
14	14	14	14
15	15	15	15
16	16	16	16
17	17	17	17
18	18	18	18
19	19	19	19
20	20	20	20
21	21	21	21

FÉVRIER

SEM 8

26 VENDREDI	27 SAMEDI	28 DIMANCHE
7	7	7
8	8	8
9	9	9
10	10	10
11	11	11
12	12	12
13	13	13
14	14	14
15	15	15
16	16	16
17	17	17
18	18	18
19	19	19
20	20	20
21	21	21

Notes

À faire

- ○
- ○
- ○
- ○
- ○
- ○
- ○
- ○
- ○
- ○
- ○
- ○
- ○
- ○

1 LUNDI	2 MARDI	3 MERCREDI	4 JEUDI
7	7	7	7
8	8	8	8
9	9	9	9
10	10	10	10
11	11	11	11
12	12	12	12
13	13	13	13
14	14	14	14
15	15	15	15
16	16	16	16
17	17	17	17
18	18	18	18
19	19	19	19
20	20	20	20
21	21	21	21

5 VENDREDI	6 SAMEDI	7 DIMANCHE	*Notes*
7	7	7	
8	8	8	
9	9	9	
10	10	10	
11	11	11	
12	12	12	
13	13	13	
14	14	14	
15	15	15	*À faire*
16	16	16	○
17	17	17	○
18	18	18	○
19	19	19	○
20	20	20	○
21	21	21	○

8 LUNDI

7

8

9

10

11

12

13

14

15

16

17

18

19

20

21

9 MARDI

7

8

9

10

11

12

13

14

15

16

17

18

19

20

21

10 MERCREDI

7

8

9

10

11

12

13

14

15

16

17

18

19

20

21

11 JEUDI

7

8

9

10

11

12

13

14

15

16

17

18

19

20

21

MARS
SEM 10

12 VENDREDI

7
8
9
10
11
12
13
14
15
16
17
18
19
20
21

13 SAMEDI

7
8
9
10
11
12
13
14
15
16
17
18
19
20
21

14 DIMANCHE

7
8
9
10
11
12
13
14
15
16
17
18
19
20
21

Notes

À faire

- ○
- ○
- ○
- ○
- ○
- ○
- ○
- ○
- ○
- ○
- ○
- ○
- ○
- ○

15 LUNDI	16 MARDI	17 MERCREDI	18 JEUDI
7	7	7	7
8	8	8	8
9	9	9	9
10	10	10	10
11	11	11	11
12	12	12	12
13	13	13	13
14	14	14	14
15	15	15	15
16	16	16	16
17	17	17	17
18	18	18	18
19	19	19	19
20	20	20	20
21	21	21	21

19 VENDREDI	20 SAMEDI	21 DIMANCHE
7	7	7
8	8	8
9	9	9
10	10	10
11	11	11
12	12	12
13	13	13
14	14	14
15	15	15
16	16	16
17	17	17
18	18	18
19	19	19
20	20	20
21	21	21

Notes

À faire

- ○
- ○
- ○
- ○
- ○
- ○
- ○
- ○
- ○
- ○
- ○
- ○
- ○
- ○

22 LUNDI	23 MARDI	24 MERCREDI	25 JEUDI
7	7	7	7
8	8	8	8
9	9	9	9
10	10	10	10
11	11	11	11
12	12	12	12
13	13	13	13
14	14	14	14
15	15	15	15
16	16	16	16
17	17	17	17
18	18	18	18
19	19	19	19
20	20	20	20
21	21	21	21

MARS

SEM 12

26 VENDREDI	27 SAMEDI	28 DIMANCHE
7	7	7
8	8	8
9	9	9
10	10	10
11	11	11
12	12	12
13	13	13
14	14	14
15	15	15
16	16	16
17	17	17
18	18	18
19	19	19
20	20	20
21	21	21

Notes

À faire

- ○
- ○
- ○
- ○
- ○
- ○
- ○
- ○
- ○
- ○
- ○
- ○
- ○
- ○

29 LUNDI

7

8

9

10

11

12

13

14

15

16

17

18

19

20

21

30 MARDI

7

8

9

10

11

12

13

14

15

16

17

18

19

20

21

31 MERCREDI

7

8

9

10

11

12

13

14

15

16

17

18

19

20

21

1 JEUDI

7

8

9

10

11

12

13

14

15

16

17

18

19

20

21

AVRIL

SEM 13

2 VENDREDI	3 SAMEDI	4 DIMANCHE
7	7	7
8	8	8
9	9	9
10	10	10
11	11	11
12	12	12
13	13	13
14	14	14
15	15	15
16	16	16
17	17	17
18	18	18
19	19	19
20	20	20
21	21	21

Notes

À faire

5 LUNDI	6 MARDI	7 MERCREDI	8 JEUDI
7	7	7	7
8	8	8	8
9	9	9	9
10	10	10	10
11	11	11	11
12	12	12	12
13	13	13	13
14	14	14	14
15	15	15	15
16	16	16	16
17	17	17	17
18	18	18	18
19	19	19	19
20	20	20	20
21	21	21	21

9 VENDREDI	10 SAMEDI	11 DIMANCHE	*Notes*
7	7	7	
8	8	8	
9	9	9	
10	10	10	
11	11	11	
12	12	12	
13	13	13	
14	14	14	
15	15	15	*À faire*
16	16	16	○
			○
17	17	17	○
			○
18	18	18	○
			○
19	19	19	○
			○
20	20	20	○
			○
21	21	21	○
			○
			○
			○

12 LUNDI	13 MARDI	14 MERCREDI	15 JEUDI
7	7	7	7
8	8	8	8
9	9	9	9
10	10	10	10
11	11	11	11
12	12	12	12
13	13	13	13
14	14	14	14
15	15	15	15
16	16	16	16
17	17	17	17
18	18	18	18
19	19	19	19
20	20	20	20
21	21	21	21

AVRIL

SEM 15

16 VENDREDI	17 SAMEDI	18 DIMANCHE
7	7	7
8	8	8
9	9	9
10	10	10
11	11	11
12	12	12
13	13	13
14	14	14
15	15	15
16	16	16
17	17	17
18	18	18
19	19	19
20	20	20
21	21	21

Notes

À faire

- ○
- ○
- ○
- ○
- ○
- ○
- ○
- ○
- ○
- ○
- ○
- ○
- ○
- ○

19 LUNDI	20 MARDI	21 MERCREDI	22 JEUDI
7	7	7	7
8	8	8	8
9	9	9	9
10	10	10	10
11	11	11	11
12	12	12	12
13	13	13	13
14	14	14	14
15	15	15	15
16	16	16	16
17	17	17	17
18	18	18	18
19	19	19	19
20	20	20	20
21	21	21	21

AVRIL

SEM 16

23 VENDREDI	24 SAMEDI	25 DIMANCHE
7	7	7
8	8	8
9	9	9
10	10	10
11	11	11
12	12	12
13	13	13
14	14	14
15	15	15
16	16	16
17	17	17
18	18	18
19	19	19
20	20	20
21	21	21

Notes

À faire

- ○
- ○
- ○
- ○
- ○
- ○
- ○
- ○
- ○
- ○
- ○
- ○
- ○
- ○

26 LUNDI	27 MARDI	28 MERCREDI	29 JEUDI
7	7	7	7
8	8	8	8
9	9	9	9
10	10	10	10
11	11	11	11
12	12	12	12
13	13	13	13
14	14	14	14
15	15	15	15
16	16	16	16
17	17	17	17
18	18	18	18
19	19	19	19
20	20	20	20
21	21	21	21

AVRIL

SEM 17

30 VENDREDI	1 SAMEDI	2 DIMANCHE
7	7	7
8	8	8
9	9	9
10	10	10
11	11	11
12	12	12
13	13	13
14	14	14
15	15	15
16	16	16
17	17	17
18	18	18
19	19	19
20	20	20
21	21	21

Notes

À faire

- ○
- ○
- ○
- ○
- ○
- ○
- ○
- ○
- ○
- ○
- ○
- ○
- ○
- ○

3 LUNDI	4 MARDI	5 MERCREDI	6 JEUDI
7	7	7	7
8	8	8	8
9	9	9	9
10	10	10	10
11	11	11	11
12	12	12	12
13	13	13	13
14	14	14	14
15	15	15	15
16	16	16	16
17	17	17	17
18	18	18	18
19	19	19	19
20	20	20	20
21	21	21	21

MAI

SEM 18

7 VENDREDI | 8 SAMEDI | 9 DIMANCHE

7 VENDREDI	8 SAMEDI	9 DIMANCHE
7	7	7
8	8	8
9	9	9
10	10	10
11	11	11
12	12	12
13	13	13
14	14	14
15	15	15
16	16	16
17	17	17
18	18	18
19	19	19
20	20	20
21	21	21

Notes

À faire

- ○
- ○
- ○
- ○
- ○
- ○
- ○
- ○
- ○
- ○
- ○
- ○
- ○
- ○

10 LUNDI	11 MARDI	12 MERCREDI	13 JEUDI
7	7	7	7
8	8	8	8
9	9	9	9
10	10	10	10
11	11	11	11
12	12	12	12
13	13	13	13
14	14	14	14
15	15	15	15
16	16	16	16
17	17	17	17
18	18	18	18
19	19	19	19
20	20	20	20
21	21	21	21

MAI

SEM 19

14 VENDREDI	15 SAMEDI	16 DIMANCHE
7	7	7
8	8	8
9	9	9
10	10	10
11	11	11
12	12	12
13	13	13
14	14	14
15	15	15
16	16	16
17	17	17
18	18	18
19	19	19
20	20	20
21	21	21

Notes

À faire

- ○
- ○
- ○
- ○
- ○
- ○
- ○
- ○
- ○
- ○
- ○
- ○
- ○
- ○

17 LUNDI	18 MARDI	19 MERCREDI	20 JEUDI
7	7	7	7
8	8	8	8
9	9	9	9
10	10	10	10
11	11	11	11
12	12	12	12
13	13	13	13
14	14	14	14
15	15	15	15
16	16	16	16
17	17	17	17
18	18	18	18
19	19	19	19
20	20	20	20
21	21	21	21

21 VENDREDI	22 SAMEDI	23 DIMANCHE
7	7	7
8	8	8
9	9	9
10	10	10
11	11	11
12	12	12
13	13	13
14	14	14
15	15	15
16	16	16
17	17	17
18	18	18
19	19	19
20	20	20
21	21	21

Notes

À faire

24 LUNDI

7
8
9
10
11
12
13
14
15
16
17
18
19
20
21

25 MARDI

7
8
9
10
11
12
13
14
15
16
17
18
19
20
21

26 MERCREDI

7
8
9
10
11
12
13
14
15
16
17
18
19
20
21

27 JEUDI

7
8
9
10
11
12
13
14
15
16
17
18
19
20
21

MAI
SEM 21

28 VENDREDI	29 SAMEDI	30 DIMANCHE
7	7	7
8	8	8
9	9	9
10	10	10
11	11	11
12	12	12
13	13	13
14	14	14
15	15	15
16	16	16
17	17	17
18	18	18
19	19	19
20	20	20
21	21	21

Notes

À faire

- ○
- ○
- ○
- ○
- ○
- ○
- ○
- ○
- ○
- ○
- ○
- ○
- ○
- ○

31 LUNDI	1 MARDI	2 MERCREDI	3 JEUDI
7	7	7	7
8	8	8	8
9	9	9	9
10	10	10	10
11	11	11	11
12	12	12	12
13	13	13	13
14	14	14	14
15	15	15	15
16	16	16	16
17	17	17	17
18	18	18	18
19	19	19	19
20	20	20	20
21	21	21	21

JUIN
SEM 22

4 VENDREDI	5 SAMEDI	6 DIMANCHE
7	7	7
8	8	8
9	9	9
10	10	10
11	11	11
12	12	12
13	13	13
14	14	14
15	15	15
16	16	16
17	17	17
18	18	18
19	19	19
20	20	20
21	21	21

Notes

À faire

- [ ]
- [ ]
- [ ]
- [ ]
- [ ]
- [ ]
- [ ]
- [ ]
- [ ]
- [ ]
- [ ]
- [ ]
- [ ]
- [ ]

7 LUNDI	8 MARDI	9 MERCREDI	10 JEUDI
7	7	7	7
8	8	8	8
9	9	9	9
10	10	10	10
11	11	11	11
12	12	12	12
13	13	13	13
14	14	14	14
15	15	15	15
16	16	16	16
17	17	17	17
18	18	18	18
19	19	19	19
20	20	20	20
21	21	21	21

JUIN

SEM 23

11 VENDREDI	12 SAMEDI	13 DIMANCHE
7	7	7
8	8	8
9	9	9
10	10	10
11	11	11
12	12	12
13	13	13
14	14	14
15	15	15
16	16	16
17	17	17
18	18	18
19	19	19
20	20	20
21	21	21

Notes

À faire

○
○
○
○
○
○
○
○
○
○
○
○
○
○

14 LUNDI	15 MARDI	16 MERCREDI	17 JEUDI
7	7	7	7
8	8	8	8
9	9	9	9
10	10	10	10
11	11	11	11
12	12	12	12
13	13	13	13
14	14	14	14
15	15	15	15
16	16	16	16
17	17	17	17
18	18	18	18
19	19	19	19
20	20	20	20
21	21	21	21

JUIN

SEM 24

18 VENDREDI

7

8

9

10

11

12

13

14

15

16

17

18

19

20

21

19 SAMEDI

7

8

9

10

11

12

13

14

15

16

17

18

19

20

21

20 DIMANCHE

7

8

9

10

11

12

13

14

15

16

17

18

19

20

21

Notes

À faire

- ○
- ○
- ○
- ○
- ○
- ○
- ○
- ○
- ○
- ○
- ○
- ○
- ○
- ○

21 LUNDI	22 MARDI	23 MERCREDI	24 JEUDI
7	7	7	7
8	8	8	8
9	9	9	9
10	10	10	10
11	11	11	11
12	12	12	12
13	13	13	13
14	14	14	14
15	15	15	15
16	16	16	16
17	17	17	17
18	18	18	18
19	19	19	19
20	20	20	20
21	21	21	21

JUIN

SEM 25

25 VENDREDI	26 SAMEDI	27 DIMANCHE
7	7	7
8	8	8
9	9	9
10	10	10
11	11	11
12	12	12
13	13	13
14	14	14
15	15	15
16	16	16
17	17	17
18	18	18
19	19	19
20	20	20
21	21	21

Notes

À faire

- ○
- ○
- ○
- ○
- ○
- ○
- ○
- ○
- ○
- ○
- ○
- ○
- ○
- ○

28 LUNDI	29 MARDI	30 MERCREDI	1 JEUDI
7	7	7	7
8	8	8	8
9	9	9	9
10	10	10	10
11	11	11	11
12	12	12	12
13	13	13	13
14	14	14	14
15	15	15	15
16	16	16	16
17	17	17	17
18	18	18	18
19	19	19	19
20	20	20	20
21	21	21	21

JUILLET

SEM 26

2 VENDREDI	3 SAMEDI	4 DIMANCHE
7	7	7
8	8	8
9	9	9
10	10	10
11	11	11
12	12	12
13	13	13
14	14	14
15	15	15
16	16	16
17	17	17
18	18	18
19	19	19
20	20	20
21	21	21

Notes

À faire

5 LUNDI	6 MARDI	7 MERCREDI	8 JEUDI
7	7	7	7
8	8	8	8
9	9	9	9
10	10	10	10
11	11	11	11
12	12	12	12
13	13	13	13
14	14	14	14
15	15	15	15
16	16	16	16
17	17	17	17
18	18	18	18
19	19	19	19
20	20	20	20
21	21	21	21

JUILLET

SEM 27

9 VENDREDI	10 SAMEDI	11 DIMANCHE
7	7	7
8	8	8
9	9	9
10	10	10
11	11	11
12	12	12
13	13	13
14	14	14
15	15	15
16	16	16
17	17	17
18	18	18
19	19	19
20	20	20
21	21	21

Notes

À faire

12 LUNDI	13 MARDI	14 MERCREDI	15 JEUDI
7	7	7	7
8	8	8	8
9	9	9	9
10	10	10	10
11	11	11	11
12	12	12	12
13	13	13	13
14	14	14	14
15	15	15	15
16	16	16	16
17	17	17	17
18	18	18	18
19	19	19	19
20	20	20	20
21	21	21	21

JUILLET
SEM 28

16 VENDREDI	17 SAMEDI	18 DIMANCHE
7	7	7
8	8	8
9	9	9
10	10	10
11	11	11
12	12	12
13	13	13
14	14	14
15	15	15
16	16	16
17	17	17
18	18	18
19	19	19
20	20	20
21	21	21

Notes

À faire

- ○
- ○
- ○
- ○
- ○
- ○
- ○
- ○
- ○
- ○
- ○
- ○
- ○
- ○

19 LUNDI	20 MARDI	21 MERCREDI	22 JEUDI
7	7	7	7
8	8	8	8
9	9	9	9
10	10	10	10
11	11	11	11
12	12	12	12
13	13	13	13
14	14	14	14
15	15	15	15
16	16	16	16
17	17	17	17
18	18	18	18
19	19	19	19
20	20	20	20
21	21	21	21

JUILLET

SEM 29

23 VENDREDI

7
8
9
10
11
12
13
14
15
16
17
18
19
20
21

24 SAMEDI

7
8
9
10
11
12
13
14
15
16
17
18
19
20
21

25 DIMANCHE

7
8
9
10
11
12
13
14
15
16
17
18
19
20
21

Notes

À faire

- ○
- ○
- ○
- ○
- ○
- ○
- ○
- ○
- ○
- ○
- ○
- ○
- ○
- ○

26 LUNDI

7
8
9
10
11
12
13
14
15
16
17
18
19
20
21

27 MARDI

7
8
9
10
11
12
13
14
15
16
17
18
19
20
21

28 MERCREDI

7
8
9
10
11
12
13
14
15
16
17
18
19
20
21

29 JEUDI

7
8
9
10
11
12
13
14
15
16
17
18
19
20
21

JUILLET

SEM 30

30 VENDREDI	31 SAMEDI	1 DIMANCHE
7	7	7
8	8	8
9	9	9
10	10	10
11	11	11
12	12	12
13	13	13
14	14	14
15	15	15
16	16	16
17	17	17
18	18	18
19	19	19
20	20	20
21	21	21

Notes

À faire

- ○
- ○
- ○
- ○
- ○
- ○
- ○
- ○
- ○
- ○
- ○
- ○
- ○
- ○

2 LUNDI	3 MARDI	4 MERCREDI	5 JEUDI
7	7	7	7
8	8	8	8
9	9	9	9
10	10	10	10
11	11	11	11
12	12	12	12
13	13	13	13
14	14	14	14
15	15	15	15
16	16	16	16
17	17	17	17
18	18	18	18
19	19	19	19
20	20	20	20
21	21	21	21

AOÛT

SEM 31

6 VENDREDI	7 SAMEDI	8 DIMANCHE
7	7	7
8	8	8
9	9	9
10	10	10
11	11	11
12	12	12
13	13	13
14	14	14
15	15	15
16	16	16
17	17	17
18	18	18
19	19	19
20	20	20
21	21	21

Notes

À faire

- ○
- ○
- ○
- ○
- ○
- ○
- ○
- ○
- ○
- ○
- ○
- ○
- ○
- ○

9 LUNDI	10 MARDI	11 MERCREDI	12 JEUDI
7	7	7	7
8	8	8	8
9	9	9	9
10	10	10	10
11	11	11	11
12	12	12	12
13	13	13	13
14	14	14	14
15	15	15	15
16	16	16	16
17	17	17	17
18	18	18	18
19	19	19	19
20	20	20	20
21	21	21	21

AOÛT

SEM 32

13 VENDREDI

7
8
9
10
11
12
13
14
15
16
17
18
19
20
21

14 SAMEDI

7
8
9
10
11
12
13
14
15
16
17
18
19
20
21

15 DIMANCHE

7
8
9
10
11
12
13
14
15
16
17
18
19
20
21

Notes

À faire

- ○
- ○
- ○
- ○
- ○
- ○
- ○
- ○
- ○
- ○
- ○
- ○
- ○
- ○

16 LUNDI	17 MARDI	18 MERCREDI	19 JEUDI
7	7	7	7
8	8	8	8
9	9	9	9
10	10	10	10
11	11	11	11
12	12	12	12
13	13	13	13
14	14	14	14
15	15	15	15
16	16	16	16
17	17	17	17
18	18	18	18
19	19	19	19
20	20	20	20
21	21	21	21

20 VENDREDI	21 SAMEDI	22 DIMANCHE
7	7	7
8	8	8
9	9	9
10	10	10
11	11	11
12	12	12
13	13	13
14	14	14
15	15	15
16	16	16
17	17	17
18	18	18
19	19	19
20	20	20
21	21	21

Notes

À faire

- ○
- ○
- ○
- ○
- ○
- ○
- ○
- ○
- ○
- ○
- ○
- ○
- ○
- ○

23 LUNDI	24 MARDI	25 MERCREDI	26 JEUDI
7	7	7	7
8	8	8	8
9	9	9	9
10	10	10	10
11	11	11	11
12	12	12	12
13	13	13	13
14	14	14	14
15	15	15	15
16	16	16	16
17	17	17	17
18	18	18	18
19	19	19	19
20	20	20	20
21	21	21	21

AOÛT

SEM 34

27 VENDREDI	28 SAMEDI	29 DIMANCHE
7	7	7
8	8	8
9	9	9
10	10	10
11	11	11
12	12	12
13	13	13
14	14	14
15	15	15
16	16	16
17	17	17
18	18	18
19	19	19
20	20	20
21	21	21

Notes

À faire

30 LUNDI

7

8

9

10

11

12

13

14

15

16

17

18

19

20

21

31 MARDI

7

8

9

10

11

12

13

14

15

16

17

18

19

20

21

1 MERCREDI

7

8

9

10

11

12

13

14

15

16

17

18

19

20

21

2 JEUDI

7

8

9

10

11

12

13

14

15

16

17

18

19

20

21

SEPTEMBRE

SEM 35

3 VENDREDI	4 SAMEDI	5 DIMANCHE
7	7	7
8	8	8
9	9	9
10	10	10
11	11	11
12	12	12
13	13	13
14	14	14
15	15	15
16	16	16
17	17	17
18	18	18
19	19	19
20	20	20
21	21	21

Notes

À faire

○
○
○
○
○
○
○
○
○
○
○
○
○
○

6 LUNDI

7
8
9
10
11
12
13
14
15
16
17
18
19
20
21

7 MARDI

7
8
9
10
11
12
13
14
15
16
17
18
19
20
21

8 MERCREDI

7
8
9
10
11
12
13
14
15
16
17
18
19
20
21

9 JEUDI

7
8
9
10
11
12
13
14
15
16
17
18
19
20
21

10 VENDREDI	11 SAMEDI	12 DIMANCHE
7	7	7
8	8	8
9	9	9
10	10	10
11	11	11
12	12	12
13	13	13
14	14	14
15	15	15
16	16	16
17	17	17
18	18	18
19	19	19
20	20	20
21	21	21

Notes

À faire

- ○
- ○
- ○
- ○
- ○
- ○
- ○
- ○
- ○
- ○
- ○
- ○
- ○
- ○

13 LUNDI

7
8
9
10
11
12
13
14
15
16
17
18
19
20
21

14 MARDI

7
8
9
10
11
12
13
14
15
16
17
18
19
20
21

15 MERCREDI

7
8
9
10
11
12
13
14
15
16
17
18
19
20
21

16 JEUDI

7
8
9
10
11
12
13
14
15
16
17
18
19
20
21

SEPTEMBRE

SEM 37

17 VENDREDI	18 SAMEDI	19 DIMANCHE
7	7	7
8	8	8
9	9	9
10	10	10
11	11	11
12	12	12
13	13	13
14	14	14
15	15	15
16	16	16
17	17	17
18	18	18
19	19	19
20	20	20
21	21	21

Notes

À faire

- ○
- ○
- ○
- ○
- ○
- ○
- ○
- ○
- ○
- ○
- ○
- ○
- ○
- ○

20 LUNDI	21 MARDI	22 MERCREDI	23 JEUDI
7	7	7	7
8	8	8	8
9	9	9	9
10	10	10	10
11	11	11	11
12	12	12	12
13	13	13	13
14	14	14	14
15	15	15	15
16	16	16	16
17	17	17	17
18	18	18	18
19	19	19	19
20	20	20	20
21	21	21	21

SEPTEMBRE
SEM 38

24 VENDREDI	25 SAMEDI	26 DIMANCHE
7	7	7
8	8	8
9	9	9
10	10	10
11	11	11
12	12	12
13	13	13
14	14	14
15	15	15
16	16	16
17	17	17
18	18	18
19	19	19
20	20	20
21	21	21

Notes

À faire

- ○
- ○
- ○
- ○
- ○
- ○
- ○
- ○
- ○
- ○
- ○
- ○
- ○
- ○

27 LUNDI	28 MARDI	29 MERCREDI	30 JEUDI
7	7	7	7
8	8	8	8
9	9	9	9
10	10	10	10
11	11	11	11
12	12	12	12
13	13	13	13
14	14	14	14
15	15	15	15
16	16	16	16
17	17	17	17
18	18	18	18
19	19	19	19
20	20	20	20
21	21	21	21

OCTOBRE

SEM 39

1 VENDREDI	2 SAMEDI	3 DIMANCHE
7	7	7
8	8	8
9	9	9
10	10	10
11	11	11
12	12	12
13	13	13
14	14	14
15	15	15
16	16	16
17	17	17
18	18	18
19	19	19
20	20	20
21	21	21

Notes

À faire

- ○
- ○
- ○
- ○
- ○
- ○
- ○
- ○
- ○
- ○
- ○
- ○
- ○
- ○

4 LUNDI	5 MARDI	6 MERCREDI	7 JEUDI
7	7	7	7
8	8	8	8
9	9	9	9
10	10	10	10
11	11	11	11
12	12	12	12
13	13	13	13
14	14	14	14
15	15	15	15
16	16	16	16
17	17	17	17
18	18	18	18
19	19	19	19
20	20	20	20
21	21	21	21

OCTOBRE
SEM 40

8 VENDREDI	9 SAMEDI	10 DIMANCHE	Notes
7	7	7	
8	8	8	
9	9	9	
10	10	10	
11	11	11	
12	12	12	
13	13	13	
14	14	14	
15	15	15	À faire
16	16	16	○ ○
17	17	17	○ ○
18	18	18	○ ○
19	19	19	○ ○
20	20	20	○ ○
21	21	21	○ ○ ○ ○

11 LUNDI	12 MARDI	13 MERCREDI	14 JEUDI
7	7	7	7
8	8	8	8
9	9	9	9
10	10	10	10
11	11	11	11
12	12	12	12
13	13	13	13
14	14	14	14
15	15	15	15
16	16	16	16
17	17	17	17
18	18	18	18
19	19	19	19
20	20	20	20
21	21	21	21

OCTOBRE

SEM 41

15 VENDREDI

16 SAMEDI

17 DIMANCHE

VENDREDI	SAMEDI	DIMANCHE
7	7	7
8	8	8
9	9	9
10	10	10
11	11	11
12	12	12
13	13	13
14	14	14
15	15	15
16	16	16
17	17	17
18	18	18
19	19	19
20	20	20
21	21	21

Notes

À faire

- ○
- ○
- ○
- ○
- ○
- ○
- ○
- ○
- ○
- ○
- ○
- ○
- ○
- ○

18 LUNDI

7
8
9
10
11
12
13
14
15
16
17
18
19
20
21

19 MARDI

7
8
9
10
11
12
13
14
15
16
17
18
19
20
21

20 MERCREDI

7
8
9
10
11
12
13
14
15
16
17
18
19
20
21

21 JEUDI

7
8
9
10
11
12
13
14
15
16
17
18
19
20
21

OCTOBRE

SEM 42

22 VENDREDI

7

8

9

10

11

12

13

14

15

16

17

18

19

20

21

23 SAMEDI

7

8

9

10

11

12

13

14

15

16

17

18

19

20

21

24 DIMANCHE

7

8

9

10

11

12

13

14

15

16

17

18

19

20

21

Notes

À faire

- ○
- ○
- ○
- ○
- ○
- ○
- ○
- ○
- ○
- ○
- ○
- ○
- ○
- ○

25 LUNDI	26 MARDI	27 MERCREDI	28 JEUDI
7	7	7	7
8	8	8	8
9	9	9	9
10	10	10	10
11	11	11	11
12	12	12	12
13	13	13	13
14	14	14	14
15	15	15	15
16	16	16	16
17	17	17	17
18	18	18	18
19	19	19	19
20	20	20	20
21	21	21	21

OCTOBRE
SEM 43

29 VENDREDI	30 SAMEDI	31 DIMANCHE
7	7	7
8	8	8
9	9	9
10	10	10
11	11	11
12	12	12
13	13	13
14	14	14
15	15	15
16	16	16
17	17	17
18	18	18
19	19	19
20	20	20
21	21	21

Notes

À faire

- ○
- ○
- ○
- ○
- ○
- ○
- ○
- ○
- ○
- ○
- ○
- ○
- ○
- ○

1 LUNDI	2 MARDI	3 MERCREDI	4 JEUDI
7	7	7	7
8	8	8	8
9	9	9	9
10	10	10	10
11	11	11	11
12	12	12	12
13	13	13	13
14	14	14	14
15	15	15	15
16	16	16	16
17	17	17	17
18	18	18	18
19	19	19	19
20	20	20	20
21	21	21	21

NOVEMBRE

SEM 44

5 VENDREDI	6 SAMEDI	7 DIMANCHE
7	7	7
8	8	8
9	9	9
10	10	10
11	11	11
12	12	12
13	13	13
14	14	14
15	15	15
16	16	16
17	17	17
18	18	18
19	19	19
20	20	20
21	21	21

Notes

À faire

- ○
- ○
- ○
- ○
- ○
- ○
- ○
- ○
- ○
- ○
- ○
- ○
- ○
- ○

8 LUNDI	9 MARDI	10 MERCREDI	11 JEUDI
7	7	7	7
8	8	8	8
9	9	9	9
10	10	10	10
11	11	11	11
12	12	12	12
13	13	13	13
14	14	14	14
15	15	15	15
16	16	16	16
17	17	17	17
18	18	18	18
19	19	19	19
20	20	20	20
21	21	21	21

NOVEMBRE

SEM 45

12 VENDREDI	13 SAMEDI	14 DIMANCHE
7	7	7
8	8	8
9	9	9
10	10	10
11	11	11
12	12	12
13	13	13
14	14	14
15	15	15
16	16	16
17	17	17
18	18	18
19	19	19
20	20	20
21	21	21

Notes

À faire

- ○
- ○
- ○
- ○
- ○
- ○
- ○
- ○
- ○
- ○
- ○
- ○
- ○
- ○

15 LUNDI	16 MARDI	17 MERCREDI	18 JEUDI
7	7	7	7
8	8	8	8
9	9	9	9
10	10	10	10
11	11	11	11
12	12	12	12
13	13	13	13
14	14	14	14
15	15	15	15
16	16	16	16
17	17	17	17
18	18	18	18
19	19	19	19
20	20	20	20
21	21	21	21

NOVEMBRE

SEM 46

19 VENDREDI

7
8
9
10
11
12
13
14
15
16
17
18
19
20
21

20 SAMEDI

7
8
9
10
11
12
13
14
15
16
17
18
19
20
21

21 DIMANCHE

7
8
9
10
11
12
13
14
15
16
17
18
19
20
21

Notes

À faire

- ○
- ○
- ○
- ○
- ○
- ○
- ○
- ○
- ○
- ○
- ○
- ○
- ○
- ○

22 LUNDI

7
8
9
10
11
12
13
14
15
16
17
18
19
20
21

23 MARDI

7
8
9
10
11
12
13
14
15
16
17
18
19
20
21

24 MERCREDI

7
8
9
10
11
12
13
14
15
16
17
18
19
20
21

25 JEUDI

7
8
9
10
11
12
13
14
15
16
17
18
19
20
21

NOVEMBRE

SEM 47

26 VENDREDI

27 SAMEDI

28 DIMANCHE

26 VENDREDI	27 SAMEDI	28 DIMANCHE
7	7	7
8	8	8
9	9	9
10	10	10
11	11	11
12	12	12
13	13	13
14	14	14
15	15	15
16	16	16
17	17	17
18	18	18
19	19	19
20	20	20
21	21	21

Notes

À faire

- ○
- ○
- ○
- ○
- ○
- ○
- ○
- ○
- ○
- ○
- ○
- ○
- ○
- ○

29 LUNDI	30 MARDI	1 MERCREDI	2 JEUDI
7	7	7	7
8	8	8	8
9	9	9	9
10	10	10	10
11	11	11	11
12	12	12	12
13	13	13	13
14	14	14	14
15	15	15	15
16	16	16	16
17	17	17	17
18	18	18	18
19	19	19	19
20	20	20	20
21	21	21	21

DÉCEMBRE

SEM 48

3 VENDREDI	4 SAMEDI	5 DIMANCHE
7	7	7
8	8	8
9	9	9
10	10	10
11	11	11
12	12	12
13	13	13
14	14	14
15	15	15
16	16	16
17	17	17
18	18	18
19	19	19
20	20	20
21	21	21

Notes

À faire

6 LUNDI	7 MARDI	8 MERCREDI	9 JEUDI
7	7	7	7
8	8	8	8
9	9	9	9
10	10	10	10
11	11	11	11
12	12	12	12
13	13	13	13
14	14	14	14
15	15	15	15
16	16	16	16
17	17	17	17
18	18	18	18
19	19	19	19
20	20	20	20
21	21	21	21

DÉCEMBRE

SEM 49

10 VENDREDI	11 SAMEDI	12 DIMANCHE
7	7	7
8	8	8
9	9	9
10	10	10
11	11	11
12	12	12
13	13	13
14	14	14
15	15	15
16	16	16
17	17	17
18	18	18
19	19	19
20	20	20
21	21	21

Notes

À faire

- ○
- ○
- ○
- ○
- ○
- ○
- ○
- ○
- ○
- ○
- ○
- ○
- ○
- ○

13 LUNDI	14 MARDI	15 MERCREDI	16 JEUDI
7	7	7	7
8	8	8	8
9	9	9	9
10	10	10	10
11	11	11	11
12	12	12	12
13	13	13	13
14	14	14	14
15	15	15	15
16	16	16	16
17	17	17	17
18	18	18	18
19	19	19	19
20	20	20	20
21	21	21	21

DÉCEMBRE

SEM 50

17 VENDREDI	18 SAMEDI	19 DIMANCHE
7	7	7
8	8	8
9	9	9
10	10	10
11	11	11
12	12	12
13	13	13
14	14	14
15	15	15
16	16	16
17	17	17
18	18	18
19	19	19
20	20	20
21	21	21

Notes

À faire

- ○
- ○
- ○
- ○
- ○
- ○
- ○
- ○
- ○
- ○
- ○
- ○
- ○
- ○

20 LUNDI	21 MARDI	22 MERCREDI	23 JEUDI
7	7	7	7
8	8	8	8
9	9	9	9
10	10	10	10
11	11	11	11
12	12	12	12
13	13	13	13
14	14	14	14
15	15	15	15
16	16	16	16
17	17	17	17
18	18	18	18
19	19	19	19
20	20	20	20
21	21	21	21

DÉCEMBRE

SEM 51

24 VENDREDI

7

8

9

10

11

12

13

14

15

16

17

18

19

20

21

25 SAMEDI

7

8

9

10

11

12

13

14

15

16

17

18

19

20

21

26 DIMANCHE

7

8

9

10

11

12

13

14

15

16

17

18

19

20

21

Notes

À faire

- ○
- ○
- ○
- ○
- ○
- ○
- ○
- ○
- ○
- ○
- ○
- ○
- ○
- ○

27 LUNDI	28 MARDI	29 MERCREDI	30 JEUDI
7	7	7	7
8	8	8	8
9	9	9	9
10	10	10	10
11	11	11	11
12	12	12	12
13	13	13	13
14	14	14	14
15	15	15	15
16	16	16	16
17	17	17	17
18	18	18	18
19	19	19	19
20	20	20	20
21	21	21	21

DÉCEMBRE

SEM 52

31 VENDREDI	1 SAMEDI	2 DIMANCHE
7	7	7
8	8	8
9	9	9
10	10	10
11	11	11
12	12	12
13	13	13
14	14	14
15	15	15
16	16	16
17	17	17
18	18	18
19	19	19
20	20	20
21	21	21

Notes

À faire

- ○
- ○
- ○
- ○
- ○
- ○
- ○
- ○
- ○
- ○
- ○
- ○
- ○
- ○

LUNDI	MARDI	MERCREDI	JEUDI
28	29	30	31
4	5	6	7
11	12	13	14
18	19	20	21
25	26	27	28

JANVIER

VENDREDI	SAMEDI	DIMANCHE
1	2	3
8	9	10
15	16	17
22	23	24
29	30	31

LUNDI	MARDI	MERCREDI	JEUDI
1	2	3	4
8	9	10	11
15	16	17	18
22	23	24	25
1	2	3	4

FÉVRIER

VENDREDI	SAMEDI	DIMANCHE
5	6	7
12	13	14
19	20	21
26	27	28
5	6	7

LUNDI	MARDI	MERCREDI	JEUDI
1	2	3	4
8	9	10	11
15	16	17	18
22	23	24	25
29	30	31	1

MARS

VENDREDI	SAMEDI	DIMANCHE
5	6	7
12	13	14
19	20	21
26	27	28
2	3	4

LUNDI	MARDI	MERCREDI	JEUDI
29	30	31	1
5	6	7	8
12	13	14	15
19	20	21	22
26	27	28	29

AVRIL

VENDREDI	SAMEDI	DIMANCHE
2	3	4
9	10	11
16	17	18
23	24	25
30	1	2

LUNDI	MARDI	MERCREDI	JEUDI
26	27	28	29
3	4	5	6
10	11	12	13
17	18	19	20
24 / 31	25	26	27

MAI

VENDREDI	SAMEDI	DIMANCHE
30	1	2
7	8	9
14	15	16
21	22	23
28	29	30

LUNDI	MARDI	MERCREDI	JEUDI
31	1	2	3
7	8	9	10
14	15	16	17
21	22	23	24
28	29	30	1

JUIN

VENDREDI	SAMEDI	DIMANCHE
4	5	6
11	12	13
18	19	20
25	26	27
2	3	4

LUNDI	MARDI	MERCREDI	JEUDI
28	29	30	1
5	6	7	8
12	13	14	15
19	20	21	22
26	27	28	29

JUILLET

VENDREDI	SAMEDI	DIMANCHE
2	3	4
9	10	11
16	17	18
23	24	25
30	31	1

LUNDI	MARDI	MERCREDI	JEUDI
26	27	28	29
2	3	4	5
9	10	11	12
16	17	18	19
23 / 30	24 / 31	25	26

AOÛT

VENDREDI	SAMEDI	DIMANCHE
30	31	1
6	7	8
13	14	15
20	21	22
27	28	29

LUNDI	MARDI	MERCREDI	JEUDI
30	31	1	2
6	7	8	9
13	14	15	16
20	21	22	23
27	28	29	30

SEPTEMBRE

VENDREDI	SAMEDI	DIMANCHE
3	4	5
10	11	12
17	18	19
24	25	26
1	2	3

LUNDI	MARDI	MERCREDI	JEUDI
27	28	29	30
4	5	6	7
11	12	13	14
18	19	20	21
25	26	27	28

OCTOBRE

VENDREDI	SAMEDI	DIMANCHE
1	2	3
8	9	10
15	16	17
22	23	24
29	30	31

LUNDI	MARDI	MERCREDI	JEUDI
1	2	3	4
8	9	10	11
15	16	17	18
22	23	24	25
29	30	1	2

NOVEMBRE

VENDREDI	SAMEDI	DIMANCHE
5	6	7
12	13	14
19	20	21
26	27	28
3	4	5

LUNDI	MARDI	MERCREDI	JEUDI
29	30	1	2
6	7	8	9
13	14	15	16
20	21	22	23
27	28	29	30

DÉCEMBRE

VENDREDI	SAMEDI	DIMANCHE
3	4	5
10	11	12
17	18	19
24	25	26
31	1	2

	LUN	MAR	MER	JEU	VEN	SAM	DIM

CALENDRIER HEBDOMADAIRE

	LUN	MAR	MER	JEU	VEN	SAM	DIM

NOTES

NOTES

NOTES

NOTES

NOTES

NOTES

NOTES

NOTES

NOTES

@

@

@

@

@

@

@

@

@

@

@

@

@

@

@

@

CONTACTS

CONTACTS

CONTACTS

www.ingramcontent.com/pod-product-compliance
Lightning Source LLC
LaVergne TN
LVHW080853240726
843527LV00053B/325
* 9 7 8 3 9 4 7 8 0 8 8 6 1 *